Presidio House

Cafetero for Brave Foreigners

Eje Cafetero Edition

Presidio House LLC 2026

ISBN-13: 979-8-9951420-4-1

First Edition © 2026 Presidio House LLC

Disclaimer

This book is a non-fiction educational and cultural guide to authentic colloquial Colombian Spanish. It contains real slang expressions used in everyday speech across different regions of Colombia, including informal, vulgar, strong, or regionally specific language that may be considered offensive, crude, or inappropriate in formal settings. All content is presented solely for linguistic, cultural, and educational purposes to help readers understand and communicate more naturally with native speakers.

The author and publisher do not endorse or encourage the use of profane, vulgar, or disrespectful language. Reader discretion is advised, especially for younger audiences or in professional/educational environments.

Welcome from La Vecina

Mire, pues... Bienvenido. Soy la Vecina del Eje Cafetero — la que te recibe con un tinto recién colado en la finca y te habla paso a paso, sin prisas ni rodeos. Aquí no venimos a presumir, venimos a entender cómo se vive de verdad: con respeto, con trabajo y con esa calma que solo la montaña enseña. Tú vas a aprender saludos que suenan a finca, aprobaciones que se sienten honestas y cómo no meter la pata cuando llegas a un pueblo cafetero. Esto es el idioma que se habla entre surcos de café y campanadas de iglesia. Tómalo con calma, repítelo despacio y poco a poco... vas cogiendo el modo. Estamos aquí.

English Welcome

Look... welcome. I'm your Eje Cafetero Vecina — the one who greets you with a fresh tinto from the finca and talks to you step by step, no rush, no fuss. Here we don't come to show off; we come to understand how life is really lived: with respect, with hard work, and with that calm only the mountains can teach. You're going to learn greetings that sound like the countryside, approvals that feel honest, and how not to put your foot in it when you arrive in a coffee-town. This is the language spoken between coffee rows and church bells. Take it easy, repeat it slowly, and little by little... you'll start to get the hang of it. We're right here.

How to Use This Book

Each entry is set up the same way so you can learn calmly and naturally, the way things are done here in the Eje Cafetero:

Phrase – the exact Cafetero expression you're going to use

Vecina – that's me explaining it in my calm, grounded voice from the mountain

Meaning – the clear English sense and the real feeling behind it

Example – a real-life sentence the way we actually say it in the pueblos and fincas

Translation – the natural English version so you understand the heart of it

Take your time, repeat each one slowly, and little by little you'll start to feel the rhythm of how we speak here. No rush — that's how things are learned in the coffee region. You've got this, con calma y con respeto.

Table of Contents

Saludos con Respeto de Finca
Greetings with Finca Respect
(Entries 1–10)

Aprobación con Juicio y Calma
Approval with Good Sense and Calm
(Entries 11–20)

Emoción Sentida sin Alboroto
Emotions Felt Without Fuss
(Entries 21–30)

Vida Social con Buena Gente
Social Life with Good People
(Entries 31–40)

Trabajo y Rebúsque con Juicio
Work and Hustle with Good Judgment
(Entries 41–50)

Carácter Cafetero de Verdad
Real Cafetero Character
(Entries 51–60)

Estado de Ánimo con Tranquilidad
Mood and Inner Tranquility
(Entries 61–70)

Cultura Cafetera que se Vive Paso a Paso
Cafetero Culture Lived Step by Step
(Entries 71–80)

Saludos con Respeto de Finca

Greetings with Finca Respect

(Entries 1–10)

Entry 1

¿Cómo amaneció, pues?

Vecina:

Aquí en el Eje Cafetero uno pregunta por el amanecer porque el día empieza temprano y eso importa — tú lo usas y la gente te responde con calma, como si ya estuvieras sentado en la mesa de la finca.

Meaning:

How did you wake up? (warm morning greeting)

Example:

¿Cómo amaneció, pues? ¿Descansó bien?

Translation:

How did you wake up? Did you rest well?

Entry 2

¿Cómo está, vea?

Vecina:

Este saludo es respetuoso y cercano al mismo tiempo — tú lo dices con suavidad y ya suenas como alguien que entiende la vida de los pueblos cafeteros. **Meaning:** How are you?

Example:

¿Cómo está, vea? Hace rato no lo veía.

Translation:

How are you? Haven't seen you in a while.

Entry 3

¿Todo bien, gracias a Dios?

Vecina:

Aquí reconocemos lo bueno y le damos gracias a Dios — tú lo preguntas y la gente te responde con esa calma que se aprende entre surcos de café y campanadas de iglesia.

Meaning:

Everything good, thank God?

Example:

¿Todo bien, gracias a Dios?

Translation:

Everything good, thank God?

Entry 4

¿Qué ha hecho, pues?

Vecina:

Pregunta tranquila, sin afán, con interés sincero — tú la usas y ya estás conversando como se conversa en la finca, paso a paso y con respeto.

Meaning:

What have you been up to?

Example:

¿Qué ha hecho, pues estos días?

Translation:

What have you been up to these days?

Entry 5
¿Cómo va la cosa?
Vecina:
La vida aquí se lleva paso a paso — tú preguntas "¿cómo va la cosa?" y la gente te cuenta cómo va la finca, el café o el día, sin prisas.
Meaning:
How are things going?
Example:
¿Cómo va la cosa por la finca?
Translation:
How are things going on the farm?

Entry 6
¿Todo en orden?
Vecina:
Corto y claro, como cuando uno revisa que todo esté bien acomodado en la casa o en el trabajo — tú lo dices y suenas juicioso, como la gente de la montaña.
Meaning:
Everything in order?
Example:
¿Todo en orden por allá?
Translation:
Everything in order over there?

Entry 7
¿Cómo sigue, pues?
Vecina:
Se pregunta por el proceso, no solo por el momento — tú lo usas y la gente siente que de verdad te importa cómo va su día o su trabajo.
Meaning:
How are you doing (continuing)?
Example:
¿Cómo sigue, pues?
Translation:
How are you doing now?

Entry 8
¿Bien o no, pues?
Vecina:
Directo pero con respeto — tú lo dices sin rodeos y la gente te responde con honestidad, como se conversa entre gente seria de la región.
Meaning:
Good or not?
Example:
¿Bien o no, pues?
Translation:
Good or not?

Entry 9
¿Qué cuenta, pues?
Vecina:

Aquí se conversa con calma — tú preguntas “¿qué cuenta?” y la gente te cuenta lo que haya, sin afán, como se hace después de misa o en la tienda del pueblo.

Meaning:

What’s new?

Example:

¿Qué cuenta, pues?

Translation:

What’s new?

Entry 10

¿Cómo le ha ido?

Vecina:

Pregunta con respeto y cercanía — tú la usas y la gente siente que te importa de verdad cómo les ha ido en estos días de trabajo y de vida en la montaña.

Meaning:

How have you been?

Example:

¿Cómo le ha ido estos días?

Translation:

How have you been these days?

Aprobación con Juicio y Calma

Approval with Good Sense and Calm

(Entries 11–20)

Entry 11

De una, pues

Vecina:

Tú dices "de una, pues" y ya estás dando el sí sin vueltas — como cuando el café está listo en la finca y no hay que pensarlo dos veces.

Meaning:

Right away

Example:

¿Arrancamos? De una, pues.

Translation:

Shall we start? Right away.

Entry 12

Hágale

Vecina:

Corto y claro, como cuando uno decide seguir trabajando sin perder el día — tú lo usas y la gente sabe que estás aprobando con juicio y sin afán.

Meaning:

Go ahead

Example:

Si está listo, hágale.
Translation:
If you're ready, go ahead.

Entry 13
Eso sirve
Vecina:
Si cumple y resuelve, se usa — tú lo dices con calma y la gente entiende que estás aprobando lo práctico, como se hace en la finca cuando algo funciona.
Meaning:
That works
Example:
Eso sirve, déjelo así.
Translation:
That works, leave it like that.

Entry 14
Está bien así
Vecina:
A veces no hay que mejorar más — tú lo dices con respeto y la gente sabe que estás aceptando las cosas como vienen, como se hace con el café cuando ya está en su punto.
Meaning:
That's fine
Example:
Está bien así, no le cambie.
Translation:

That's fine as it is—don't change it.

Entry 15
Me parece
Vecina:
Aprobación tranquila y pensada — tú lo usas y la gente siente que estás dando tu palabra con juicio, como cuando se decide algo importante después de la misa.
Meaning:
Sounds good
Example:
¿Así le parece? Me parece.
Translation:
Does that work? Sounds good.

Entry 16
Eso queda bien
Vecina:
Cuando algo encaja y se ve correcto, "eso queda bien" es la forma serena de aprobarlo — tú lo dices y la gente sabe que estás satisfecho sin exagerar.
Meaning:
That turns out well
Example:
Así queda bien.
Translation:
That turns out well like that.

Entry 17
Va bien
Vecina:
Se reconoce el avance sin hacer ruido — tú lo dices y la gente entiende que estás viendo el progreso con calma, como cuando el café va creciendo parejo.
Meaning:
It's going well
Example:
Va bien el trabajo.
Translation:
The work is going well.

Entry 18
Eso queda listo
Vecina:
Se hace y se cierra — tú lo usas y la gente sabe que estás dando por terminado el asunto con orden y sin dejar cabos sueltos.
Meaning:
That's settled
Example:
Con eso queda listo. **Translation:** With that, it's done.

Entry 19
Está correcto
Vecina:

Sin emoción pero bien hecho — tú lo dices y la gente siente que estás aprobando con seriedad, como cuando se revisa el trabajo en la finca.

Meaning:

That's correct

Example:

Está correcto así.

Translation:

That's correct as is.

Entry 20

Eso funciona

Vecina:

No tiene que ser perfecto, solo tiene que cumplir — tú lo dices con calma y la gente sabe que estás aprobando lo que realmente sirve en la vida de todos los días.

Meaning:

That works Example: Eso funciona, déjelo.

Translation:

That works, leave it.

Emoción Sentida sin Alboroto

Emotions Felt Without Fuss

(Entries 21–30)

Entry 21
Estoy contento, gracias a Dios
Vecina:
Aquí la alegría se dice con calma y siempre con gratitud — tú lo usas después de un buen día en la finca y la gente entiende que valoras lo que Dios te dio, sin alboroto.
Meaning:
I'm happy, thank God
Example:
Estoy contento, gracias a Dios, todo salió bien.
Translation:
I'm happy, thank God—everything turned out well.

Entry 22
Eso me alegra
Vecina:
Cuando algo bueno le pasa a otro, "eso me alegra" sale del corazón y se comparte — tú lo dices y la gente siente que su alegría también es tuya, como debe ser en el pueblo.
Meaning:
That makes me happy
Example:

Eso me alegra mucho.

Translation:

That makes me very happy.

Entry 23

Me deja tranquilo

Vecina:

La tranquilidad vale más que cualquier emoción fuerte — tú lo dices cuando algo se arregla bien y la gente sabe que estás en paz, como cuando el café crece parejo.

Meaning:

That gives me peace of mind

Example:

Ese arreglo me deja tranquilo.

Translation:

That solution gives me peace of mind.

Entry 24

No me convence

Vecina:

Aquí no fingimos — si algo no te convence, lo dices con respeto y sin rabia — tú lo usas y la gente respeta tu juicio, como se hace en la finca cuando algo no cuadra.

Meaning:

I'm not convinced

Example:

No me convence eso todavía.

Translation:

I'm not convinced by that yet.

Entry 25
Eso preocupa
Vecina:
Cuando algo no anda bien, lo reconoces con seriedad pero sin desesperarte — tú lo dices y la gente sabe que estás mirando el problema con juicio, como se mira el cielo antes de la cosecha.
Meaning:
That's concerning
Example:
Eso preocupa, hay que revisarlo.
Translation:
That's concerning—we need to check it.

Entry 26
Estoy incómodo con eso
Vecina:
Aquí ponemos límites con respeto pero claro — tú lo dices y la gente entiende que algo no te cuadra, sin necesidad de gritar ni de explicarlo dos veces.
Meaning:
I'm uncomfortable with that
Example:
Estoy incómodo con esa decisión.
Translation:
I'm uncomfortable with that decision.

Entry 27
Eso no me cuadra
Vecina:
Cuando algo no encaja, se siente en el pecho — tú lo dices con calma y la gente sabe que estás pensando con juicio, como cuando revisas las cuentas de la finca.
Meaning:
That doesn't add up
Example:
Eso no me cuadra bien.
Translation:
That doesn't add up.

Entry 28
Me deja pensando
Vecina:
Aquí se piensa antes de hablar o actuar — tú lo dices y la gente respeta que estás dándole vueltas al asunto con seriedad, como se hace con las decisiones importantes.
Meaning:
That makes me think
Example:
Eso me deja pensando bastante.
Translation:
That makes me think quite a bit.

Entry 29
Estoy satisfecho
Vecina:

No es euforia, es cumplimiento tranquilo — tú lo dices cuando el trabajo salió bien y la gente sabe que estás en paz, como cuando la cosecha rinde lo que debe.

Meaning:

I'm satisfied

Example:

Estoy satisfecho con el trabajo.

Translation:

I'm satisfied with the work.

Entry 30

Eso era lo esperado

Vecina:

Cuando algo sale como debía, sin sorpresa, "eso era lo esperado" es la forma serena de decirlo — tú lo usas y la gente entiende que valoras el orden y el buen juicio.

Meaning:

That was expected

Example:

Eso era lo esperado, salió como debía.

Translation:

That was expected—it turned out as it should.

Vida Social con Buena Gente

Social Life with Good People

(Entries 31–40)

Entry 31

Vamos un momento

Vecina:

Aquí no se alarga todo — tú dices “vamos un momento” y la gente entiende que vas, cumples y regresas, como cuando uno pasa por la tienda del pueblo después de misa.

Meaning:

Let’s go for a moment

Example:

Vamos un momento y regresamos.

Translation:

Let’s go for a bit and come back.

Entry 32

Está bueno el ambiente

Vecina:

Cuando el lugar se siente bien, tú lo reconoces sin exagerar — “está bueno el ambiente” sale natural y la gente sabe que estás cómodo, como en una tarde tranquila en la finca.

Meaning:

The atmosphere is good

Example:

Está bueno el ambiente aquí.

Translation:

The atmosphere is good here.

Entry 33

Se puede quedar

Vecina:

Si el sitio cumple, se queda — tú lo dices con calma y la gente entiende que estás aprobando sin necesidad de buscar más, como cuando la finca da lo que debe.

Meaning:

This place is worth staying

Example:

Está bien, se puede quedar.

Translation:

It's good—we can stay.

Entry 34

No está mal

Vecina:

Aprobación moderada y honesta — tú lo usas cuando algo cumple lo necesario y la gente respeta que no estás exagerando, como se hace con el trabajo bien hecho.

Meaning:

Not bad

Example:

El sitio no está mal.

Translation:
The place isn't bad.

Entry 35
Está tranquilo
Vecina:
Cuando el ambiente está en paz y sin ruido, "está tranquilo" es la forma serena de decirlo — tú lo usas y la gente sabe que valoras esa calma que tanto se busca en la montaña.
Meaning:
It's calm
Example:
El lugar está tranquilo.
Translation:
The place is calm.

Entry 36
Se pasa bien
Vecina:
Sin exceso pero agradable — tú lo dices y la gente entiende que el rato fue bueno, como cuando uno se queda un momento en la plaza después del trabajo.
Meaning:
You have a good time
Example:
Allá se pasa bien.
Translation:

You have a good time there.

Entry 37
No es lo mío
Vecina:
Se dice con respeto y sin criticar — tú lo usas y la gente sabe que no es tu estilo, pero nadie se ofende, como cuando alguien prefiere el café solo.
Meaning:
It's not my thing
Example:
Ese plan no es lo mío.
Translation:
That plan is not my thing.

Entry 38
Está muy lleno
Vecina:
Demasiado no siempre es mejor — tú lo dices con calma y la gente entiende que prefieres lo manejable, como cuando la tienda del pueblo se llena los sábados.
Meaning:
It's too crowded
Example:
Está muy lleno, mejor nos vamos.
Translation:
It's too crowded—let's leave.

Entry 39

Vamos cerrando

Vecina:

Todo tiene su momento, también para terminar — tú lo dices con respeto y la gente sabe que es hora de recoger, como cuando se cierra la finca al atardecer.

Meaning:

Let's wrap it up

Example:

Bueno, vamos cerrando.

Translation:

Alright, let's wrap it up.

Entry 40

Ya estuvo bien

Vecina:

Se disfrutó y se deja hasta ahí — tú lo dices con serenidad y la gente entiende que fue suficiente, como cuando uno sabe que ya cumplió con el día.

Meaning:

That was enough / that's good

Example:

Ya estuvo bien por hoy.

Translation:

That's enough for today.

Trabajo y Rebúsque con Juicio

Work and Hustle with Good Judgment

(Entries 41–50)

Entry 41

Aquí se trabaja parejo

Vecina:

Aquí no se trabaja por ratos — se trabaja parejo todos los días, como el caficultor que sale antes del amanecer y no afloja hasta que el sol se esconde detrás de la montaña.

Meaning:

People work steadily here

Example:

Aquí se trabaja parejo, no se afloja.

Translation:

People work steadily here—you don't slack off.

Entry 42

Eso se hace con juicio

Vecina:

No basta con hacerlo — hay que hacerlo con juicio, pensando bien y sin afán, como cuando uno siembra café y sabe que la cosecha buena se hace con cabeza fría.

Meaning:

That must be done carefully / properly

Example:

Eso se hace con juicio, si no, no queda bien.
Translation:
That has to be done properly, or it won't turn out right.

Entry 43
Toca madrugarle
Vecina:
El que madruga rinde — tú lo oyes en la finca cuando todavía está oscuro y ya se escucha el ruido de la olla en la cocina.
Meaning:
You have to get up early
Example:
Mañana toca madrugarle.
Translation:
Tomorrow we have to get up early.

Entry 44
Eso se levanta trabajando
Vecina:
Nada aparece solo — tú lo dices mirando la casa o el cultivo y la gente entiende que todo lo que vale se construye con sudor y paciencia de montaña.
Meaning:
That is built through work
Example:
Eso se levanta trabajando duro.
Translation:

That is built through hard work.

Entry 45
Hay que responder
Vecina:
Si se dijo, se cumple — aquí la palabra vale oro y tú lo sientes cuando alguien te mira a los ojos y dice "hay que responder".
Meaning:
You have to follow through
Example:
Si se dijo, hay que responder.
Translation:
If you said it, you have to follow through.

Entry 46
Eso no se deja botado
Vecina:
Lo que se empieza se termina — tú lo oyes cuando alguien deja una herramienta tirada y el viejo de la finca le dice con calma "eso no se deja botado".
Meaning:
You don't leave that unfinished
Example:
Eso no se deja botado.
Translation:
You don't leave that unfinished.

Entry 47
Se hace lo que se puede
Vecina:
No siempre alcanza todo, pero se hace con lo que hay — tú lo dices con humildad y la gente asiente porque sabe que en la montaña uno trabaja con lo que Dios le da.
Meaning:
You do what you can
Example:
Se hace lo que se puede.
Translation:
You do what you can.

Entry 48
Eso da pa' sostenerse
Vecina:
No es lujo, es estabilidad — tú lo dices cuando la cosecha o el jornal alcanza justo para seguir adelante y la gente respira aliviada porque sabe que es suficiente.
Meaning:
That's enough to sustain yourself
Example:
Con eso da pa' sostenerse.
Translation:
That's enough to sustain yourself.

Entry 49
Hay que cuidar lo que se tiene
Vecina:

Aquí nada se desperdicia — tú lo oyes cuando alguien guarda una herramienta o un puñado de semillas y entiendes que el que tiene poco cuida mucho.

Meaning:

You must take care of what you have

Example:

Hay que cuidar lo que se tiene.

Translation:

You have to take care of what you have.

Entry 50

Eso se gana trabajando

Vecina:

Nada llega regalado — tú lo dices mirando el surco recién sembrado y la gente asiente porque sabe que en el Eje Cafetero todo lo bueno se gana con las manos y con paciencia.

Meaning:

That is earned through work

Example:

Eso se gana trabajando.

Translation:

That is earned through work.

Carácter Cafetero de Verdad

Real Cafetero Character

(Entries 51–60)

Entry 51
Es buena gente
Vecina:
Cuando alguien es buena gente aquí, eso vale más que cualquier cosa en la montaña — tú lo dices y la gente sabe que estás hablando de alguien en quien se puede confiar de verdad, como el vecino que te ayuda a recoger el café cuando llueve.
Meaning:
He/she is a good person
Example:
Él es buena gente, se puede confiar.
Translation:
He's a good person—you can trust him.

Entry 52
Es cumplido
Vecina:
Cumplido es llegar, hacer y responder sin que nadie tenga que recordarle — tú lo usas y la gente entiende que estás hablando de alguien serio, como el que nunca falta a la misa del domingo ni al trabajo en la finca.

Meaning: Dependable
Example:
Ella es cumplida con todo.
Translation:
She's dependable with everything.

Entry 53
Es de palabra
Vecina:
De palabra es cuando lo que se dice se cumple — tú lo dices con respeto y la gente sabe que estás hablando de alguien que vale oro, como el que promete y nunca deja la promesa botada en el camino.
Meaning:
Keeps their word
Example:
Ese señor es de palabra.
Translation:
That man keeps his word.

Entry 54
Es trabajador
Vecina:
Trabajador no es solo esfuerzo, es constancia todos los días — tú lo dices y la gente asiente porque saben que estás reconociendo a alguien que sale antes del amanecer y no afloja hasta que el sol se esconde.
Meaning:
Hardworking

Example:
Él es muy trabajador.
Translation:
He's very hardworking.

Entry 55
Es tranquilo
Vecina:
Tranquilo es llevar la vida con calma y sin alboroto — tú lo usas y la gente entiende que estás hablando de alguien que no se desespera, como el que espera la cosecha sin apurar la tierra.
Meaning:
Calm / easygoing
Example:
Es una persona tranquila.
Translation:
He's a calm person.

Entry 56
No se complica
Vecina:
No se complica es ir a lo necesario sin enredos — tú lo dices y la gente sonríe porque sabe que estás hablando de alguien que resuelve las cosas como se resuelve en la finca: derecho y sin vueltas.
Meaning:
Doesn't complicate things
Example:

Él no se complica con eso.
Translation:
He doesn't complicate things.

Entry 57
Es respetuoso
Vecina:
Respetuoso es saber tratar a la gente y a la tierra — tú lo dices y la gente entiende que estás hablando de alguien que saluda con el sombrero en la mano y nunca levanta la voz sin motivo.
Meaning:
Respectful
Example:
Es muy respetuoso.
Translation:
He's very respectful.

Entry 58
Es responsable
Vecina:
Responsable es cumplir con lo suyo sin que nadie tenga que recordarle — tú lo usas y la gente sabe que estás hablando de alguien que cuida su trabajo como cuida su cafetal.
Meaning:
Responsible
Example:
Ella es responsable con su trabajo.

Translation:
She's responsible with her work.

Entry 59
Es juicioso
Vecina:
Juicioso es hacer las cosas con cuidado y atención — tú lo dices y la gente asiente porque saben que estás reconociendo a alguien que piensa antes de actuar, como cuando se decide la mejor época para sembrar.
Meaning:
Diligent / careful
Example:
Es juicioso para trabajar.
Translation:
He's diligent in his work.

Entry 60
Sabe lo que hace
Vecina:
Cuando alguien entiende de verdad lo que hace, "sabe lo que hace" es la forma más serena de elogiarlo — tú lo dices y la gente sabe que estás hablando de alguien que no improvisa, como el que conoce cada surco de su finca.
Meaning:
Knows what they're doing
Example:
Él sabe lo que hace.
Translation:
He knows what he's doing.

Estado de Ánimo con Tranquilidad

Mood and Inner Tranquility

(Entries 61–70)

Entry 61
Estoy bien, gracias a Dios
Vecina:
Aquí uno responde con gratitud porque lo bueno no se da por hecho — tú lo dices después de un día de trabajo en la finca y la gente entiende que estás reconociendo la bendición con humildad.
Meaning:
I'm well, thank God
Example:
Estoy bien, gracias a Dios.
Translation:
I'm well, thank God.

Entry 62
Estoy cansado
Vecina:
El trabajo se siente en los huesos, pero se sigue — tú lo dices con calma después de madrugar y la gente te ofrece un tinto porque saben que el cansancio es parte de la vida en la montaña.
Meaning:

I'm tired
Example:
Estoy cansado hoy.
Translation:
I'm tired today.

Entry 63
Estoy ocupado
Vecina:
Hay tarea y se atiende primero — tú lo usas cuando la finca o la casa te necesita y la gente respeta que estás cumpliendo con lo tuyo sin dejarlo botado.
Meaning:
I'm busy
Example:
Estoy ocupado ahora.
Translation:
I'm busy right now.

Entry 64
Estoy pendiente
Vecina:
Pendiente es estar atento sin dejar pasar nada — tú lo dices y la gente sabe que estás cuidando lo que importa, como cuando uno vigila el café para que no se le pase la madurez.
Meaning:
I'm on it / paying attention
Example:

Estoy pendiente de eso.
Translation:
I'm on top of that.

Entry 65
Estoy tranquilo
Vecina:
Tranquilo es cuando todo está en orden por dentro — tú lo usas y la gente siente que estás en paz, como cuando la finca está sembrada y uno puede sentarse un momento a mirar la montaña.
Meaning:
I'm calm
Example:
Estoy tranquilo con eso.
Translation:
I'm calm about that.

Entry 66
Estoy preocupado
Vecina:
Se reconoce el problema con seriedad pero sin desesperarse — tú lo dices y la gente sabe que estás pensando con juicio, como cuando uno ve que la lluvia viene fuerte y hay que proteger el cafetal.
Meaning:
I'm worried
Example:
Estoy preocupado por eso.

Translation:
I'm worried about that.

Entry 67
Estoy claro
Vecina:
Ya entendió y no hay duda — tú lo dices con calma y la gente respeta que estás seguro, como cuando se decide el día exacto para la cosecha después de pensarlo bien.
Meaning:
I understand clearly
Example:
Estoy claro con eso.
Translation:
I understand that clearly.

Entry 68
Estoy dudando
Vecina:
Se piensa antes de decidir — tú lo usas y la gente entiende que estás dándole vueltas con juicio, como cuando uno revisa dos veces el precio del café antes de vender.
Meaning:
I'm unsure
Example:
Estoy dudando todavía.
Translation:
I'm still unsure.

Entry 69
Estoy conforme
Vecina:
No es perfecto, pero cumple — tú lo dices con serenidad y la gente sabe que estás en paz con lo que hay, como cuando la cosecha rinde lo justo para seguir adelante.
Meaning:
I'm satisfied
Example:
Estoy conforme con eso.
Translation:
I'm satisfied with that.

Entry 70
Estoy listo
Vecina:
Preparado y en paz — tú lo dices cuando ya terminaste de pensar y la gente entiende que puedes avanzar, como cuando el café está listo para la cosecha y uno sale con el canasto al hombro.
Meaning:
I'm ready
Example:
Estoy listo para eso. Translation: I'm ready for that.

Cultura Cafetera que se Vive Paso a Paso

Cafetero Culture Lived Step by Step
(Entries 71–80)

Entry 71
Aquí se hace bien hecho
Vecina:
Aquí no se hace rápido, se hace bien hecho — tú lo oyes cuando alguien revisa el surco por segunda vez y entiendes que en la montaña la calidad se mide con paciencia y con las manos.
Meaning:
Things are done properly here
Example:
Aquí se hace bien hecho.
Translation:
Things are done properly here.

Entry 72
Eso se respeta
Vecina:
Las costumbres y la palabra de la gente se respetan — tú lo dices y la gente asiente porque sabe que estás hablando de algo que se ha ganado con años de trabajo y de vida en la finca.

Meaning:
That is respected
Example:
Eso se respeta siempre.
Translation:
That is always respected.

Entry 73
Cada cosa en su lugar
Vecina:
Orden es orden — tú lo usas cuando guardas la herramienta o acomodas la casa y la gente entiende que estás viviendo como se vive en la montaña, con respeto por lo que se tiene.
Meaning:
Everything in its place
Example:
Cada cosa en su lugar.
Translation:
Everything in its place.

Entry 74
Así se ha hecho siempre
Vecina:
La tradición guía y no se cambia sin razón — tú lo dices mirando el cafetal y la gente sabe que estás honrando lo que los abuelos enseñaron, paso a paso.
Meaning:
That's how it's always been done

Example:
Así se ha hecho siempre.
Translation:
That's how it's always been done.

Entry 75
No hay que exagerar
Vecina:
Equilibrio es lo que vale — tú lo dices con calma cuando alguien se emociona demasiado y la gente entiende que estás recordando la sabiduría de la montaña: ni mucho ni poco.
Meaning:
No need to exaggerate
Example:
No hay que exagerar.
Translation:
No need to exaggerate.

Entry 76
Eso se aprende con el tiempo
Vecina:
Nada es inmediato — tú lo dices con paciencia y la gente asiente porque sabe que en la finca todo llega cuando debe llegar, como la cosecha después de la siembra.
Meaning:
That is learned over time
Example:
Eso se aprende con el tiempo.

Translation:
That is learned over time.

Entry 77
Eso tiene su forma
Vecina:
Cada cosa tiene su manera correcta de hacerse — tú lo usas y la gente entiende que estás respetando el orden natural de la vida en la montaña.
Meaning:
That has its way
Example:
Eso tiene su forma de hacerse.
Translation:
That has its way of being done.

Entry 78
Eso no es así no más
Vecina:
No es simple ni se hace de cualquier manera — tú lo dices con juicio y la gente sabe que estás pensando con la cabeza fría, como cuando se decide el precio del café.
Meaning:
It's not that simple
Example:
Eso no es así no más.
Translation:
It's not that simple.

Entry 79
Aquí se mira bien
Vecina:
Antes de actuar se observa con cuidado — tú lo dices y la gente entiende que estás actuando con la prudencia que se aprende mirando el cielo y la tierra todos los días.
Meaning:
Things are carefully considered here
Example:
Aquí se mira bien antes.
Translation:
Here things are carefully looked at first.

Entry 80
Así se vive, pues
Vecina:
Así se vive aquí: con orden, con trabajo y con respeto — tú lo dices con serenidad y la gente siente que estás hablando del alma misma de la región cafetera.
Meaning:
This is how life is lived
Example:
Así se vive, pues.
Translation:
This is how life is lived.

Representative Glossary

(CS-05 – Cafetero Region)

Amanecer
Vecina: More than just waking up — it's asking how the day began, because in the coffee mountains the morning decides everything, from the mist on the hills to the first row of plants you'll tend.
Meaning: How the day begins (tied to work, weather, and rest)

Juicioso
Vecina: Doing things with care, thought, and attention — the highest praise you can give someone here, because a juicioso person respects the land, the work, and the people around him.
Meaning: Diligent / careful / sensible

Madrugar
Vecina: To rise before the sun because the day rewards those who meet it early — you'll hear this every morning in the finca when the roosters are still the only ones talking.
Meaning: To get up early (core rural discipline)

Trabajador
Vecina: Not just effort, but steady, daily consistency — the kind of person who doesn't complain when the row is long or the rain is heavy, because the harvest depends on it.
Meaning: Hardworking (consistent over time)

Respetuoso
Vecina: Knowing how to treat people, the land, and the old ways — you'll see it when someone tips their hat on the path or waits for the elder to speak first at the table.
Meaning: Respectful (essential in social life)

Conforme
Vecina: Satisfied with what is reasonable, without demanding perfection — you'll hear this after a modest but honest harvest, when people thank God and keep going.
Meaning: Satisfied within reasonable expectations

Pendiente
Vecina: Being attentive and watchful over what matters — you'll use this when someone is quietly looking after the coffee plants, the family, or a neighbor's need.
Meaning: Attentive / aware / on top of things

Parejo
Vecina: Working or living steadily, without sudden bursts or long silences — the ideal way to move through the days in the mountains, like the even rows of coffee trees.
Meaning: Steady / consistent / even-paced

De palabra
Vecina: A person whose word is solid — if they say it, it happens, like the promise to help with the harvest or to be at the church door on Sunday morning.
Meaning: Keeps their word / reliable

Buena gente
Vecina: The deepest compliment in these pueblos — someone who treats others right, helps without being asked, and carries the quiet decency that holds mountain life together.
Meaning: A good person (highly valued)

Discover the Collection

The 8-Volume Series

Here is the full collection so you can keep exploring every corner of Colombia, one region at a time:

CS-01 – Colombian Slang for Brave Foreigners (National)
CS-02 – Paisa Slang for Brave Foreigners
CS-03 – Rolo Slang for Brave Foreigners
CS-04 – Caleño Slang for Brave Foreigners
CS-05 – Cafetero Slang for Brave Foreigners
CS-06 – Costeño Slang for Brave Foreigners
CS-07 – Santandereano & Boyacense Slang for Brave Foreigners
CS-08 – Pacific Coast Slang for Brave Foreigners

Acknowledgements

Gracias a toda la gente del Eje Cafetero que me enseñó a vivir paso a paso, con respeto, con trabajo y con esa calma que solo la montaña sabe dar. Gracias por los tintos compartidos al amanecer, por las historias contadas después de la misa y por recordarme que las cosas buenas se siembran con paciencia y se cosechan con gratitud. Sin ustedes, este libro no tendría ni raíz ni sabor.

www.ingramcontent.com/pod-product-compliance
Lightning Source LLC
LaVergne TN
LVHW011052110826
845149LV00015B/3475